Printed by Libri Plureos GmbH in Hamburg, Germany

9 789369 081455

اپنی برہنہ پائی پر

غزلیں

زمانی اعتبار سے ۱۹۷۶ء تا ۲۰۲۴ء تک کی غزلیں

اعجاز عبید

© Taemeer Publications LLC

Apni Brahna-pai Par *(Ghazals Collection)*
by: Aijaz Ubaid
Edition: January '2025
Publisher :
Taemeer Publications LLC (Michigan, USA / Hyderabad, India)

ISBN 978-93-6908-145-5
9 789369 081455

مصنف یا ناشر کی پیشگی اجازت کے بغیر اس کتاب کا کوئی بھی حصہ کسی بھی شکل میں بشمول ویب سائٹ پر اَپ لوڈنگ کے لیے استعمال نہ کیا جائے۔ نیز اس کتاب پر کسی بھی قسم کے تنازع کو نمٹانے کا اختیار صرف حیدرآباد (تلنگانہ) کی عدلیہ کو ہو گا۔

©تعمیر پبلی کیشنز

کتاب	:	**اپنی برہنہ پائی پر** (غزلیں)
مصنف	:	**اعجاز عبید**
صنف	:	شاعری
ناشر	:	تعمیر پبلی کیشنز (حیدرآباد، انڈیا)
سالِ اشاعت	:	۲۰۲۵ء
صفحات	:	۱۶۶
سرورق ڈیزائن	:	تعمیر ویب ڈیزائن

فہرست

اب کتنی فصلیں بیت گئیں اب یاد وہ کیا ہمیں آئیں بھی 2

جس بار بھی ہم اس سے جدا ہونے لگے ہیں 4

تیرے دامن کی تھی۔ یا مست ہوا کس کی تھی 6

کس سے ملا چاہیے، کس سے جفا پائیے، کس سے وفا کیجیے 8

وہ لغت نگار بھی تھا مرا درد آشنا ہی 10

تجھ چشم نمی گواہ رہیو 12

شہ مقدّر میں شہ کو مات کہاں 14

تھی ساتھ یاد تری، تیز گام کیا کرتا 16

گلے لگ کر مرے وہ جانے ہنستا تھا کہ روتا تھا 18

میں نے کیا کام لاجواب کیا 20

ہنسنے میں رونے کی عادت کبھی ایسی تو نہ تھی	22
وہ مل گیا تھا رہِ خواب سے گزرتے ہوئے	24
آپ اپنا ہی دل دکھانا ہے	26
کچھ دعا باریاب بھی دیکھوں	29
بجھ گئے بام دور نیند آنے لگی، شام کو......	31
جو جا چکے ہیں غالباً، اتریں کبھی زینہ ترا	33
تھا وہ جنگل کہ نعرۂ یاد نہیں	35
مہک اٹھے گا گل موج سے سمندر بھی	37
اس اندھیرے میں پھر دعا مانگوں	39
دل کو کیسی بے چینی ہے	41
رات تھی اور گھنا بن تھا	44
رنگ کیا کیا بکھیر کر کوئی	48
آس بر آئی تھی پانی کی مگر روشن رہا	50
ٹھیک کہا، یوں دل ہی کسی سے لگائے کون	52

54	پتہ نہیں کہ مجھے واقعی محبت ہے
56	محفل یاراں خوشی، غم سارے مدغم ہو گئے
59	وہ ہولیاں منانے والے کس طرف چلے گئے
60	وہ ہاتھ گدگدانے والے کس طرف چلے گئے
63	ایک اک کر کے ہر اک زخم دہائی دے گا
64	اشک تھا یا شرار تھا۔ کیا تھا
66	خامشی یوں ڈرا رہی ہے ہمیں
68	کیا رنگ بھلا دستِ ستم گر میں نہیں تھا
70	عبید کیا ہوا غزلیں سنا رہا ہے بہت
72	یہ دن ایسے ستم گر ہو گئے ہیں
74	ابھی کھلا تھا گلِ عشق، پل میں مر بھی گیا
76	ہم ہوں تنہا تو نہیں دشت کی پنہائی بہت
79	مجھے چاہے جتنا رلائے تو۔ تجھے دیکھ کر میں ہنسا کروں
80	یہ زمیں کس کی ہے، یہ فصل بتا کس کی ہے
82	ہاتھوں میں تھے اس کے ہاتھ کچھ دیر
84	یوں بھی ہوئی ہے غم سے محبت کبھی کبھی

85	جھونکے پہ تیرا شک ہو، یہ سوچا نہ تھا کبھی
87	پھر لوٹ کر آئے یا نہ آئے
89	سفر میں درد کا سورج مجھے جلائے بھی
90	میں سوچتا تھا اسے آج ٹالنے کے لیے
92	کبھی تو دھوپ کبھی ابر کی رِدا ما نگے
94	سنگم سے لے کے غارِ حرا تک چلا گیا
96	سیلاب نے جو پہلے کنارا مٹا دیا
98	سوائے پیشہ عشق اور معاش کیا کرتا
99	یوں تو اشکوں کا ہر اک قطرہ کرا ماتی ہے
101	کیسا جادو ہے کہ ایسے پسِ دیوار کہاں تھا پہلے
102	ویسے تو ہم نے تجھ سے محبت بھی کی بہت
104	لہو کا سرخ سمندر رہا ہے آنکھوں میں
106	مری نوا کو خدا ایسی کچھ رسائی دے
109	کیوں بیٹھے روتے اسے، جو تمہیں بھول گئی
110	گل ہوئی ہر روشنی، بس ایک در روشن رہا
111	یہ اشک روکنے کا فن مجھے کوئی سکھا گیا

113	وہ شخص جس کی یاد اب مرے گلے کا ہار ہے
115	تھے چھپے ہوئے پسِ پردۂ یار، چلے گئے
117	یہ بھی کم نہیں، اس کے نام سے رابطہ تو ہے
120	کیسی آوارہ خو ہے
122	کیسا جادو سحر جگانے لگی
124	کاسۂ دل ہے عطر دان اپنا
126	چاندی سونا دیکھوں میں
129	ہزار یادوں نے محفل یہاں سجائی۔۔۔ پر
130	دعا کرو کہ دعا میں مری اثر ہو جائے
134	میرا اس کا میل ہی کیا، کروں اس کا سوالی میں
135	تیرا روپ سنہرا ہو گا، ہم کوئی تجھ سے میٹھے میں
136	تم وہاں پہ تنہا ہو، ہم یہاں اکیلے ہیں
137	کچھ صدا صبح تک تو آئے گی
139	وہ جسے سن سکے وہ صدا مانگ لوں
141	سمجھو اسے شاعری ہماری
143	کچھ سوچ کے آیا ہوں، بڑی دیر سے چپ ہوں

146	خاموش ہیں لب، کوئی دعا ہی نہیں آتی
148	اپنی دھرتی سے تنکوں.....
149	آبلے پھوٹ بہیں، چھاؤں گھنی ہو جائے
150	جس کی خاطر، وہ کب ہوا میرا
152	سارا کچھ دفن کر دیا تیرا
154	دکھ کو ندی میں ڈبونے دینا

سلگتی ریت کو دو دن میں بھول جائیں نہ ہم
یہ ایک شعر ہے۔ اپنی برہنہ پائی پر

اب کتنی فصلیں بیت گئیں۔۔ اب یاد وہ کیا ہمیں آئیں بھی
وہ زخم جو اب کی بھر بھی گئے، اب آؤ انہیں سہلائیں بھی

یہ آنکھیں خزاں میں زرد رہیں۔ یہ آنکھیں بہار میں سرخ رہیں
جب پھول کھلیں تو جل جائیں۔ جب چاند بجھے مرجھائیں بھی

وہ قافلے شاہ سواروں کے اب دھول اڑاتے گزر گئے
یہ شہر پناہ کھلی رکھو شاید کہ وہ واپس آئیں بھی

اب اور ہمیں دکھ دینے کو وہ شخص نہیں آنے والا
اب بیٹھے اپنے زخم گنیں، اپنے دل کو سمجھائیں بھی

اب تو یہ چاند بھی ڈوب چلا، اب آؤ عبیدؔ ادھر آؤ دیکھو۔ یہ الاؤ جلا ہے ادھر۔۔ بیٹھو۔۔ کچھ دل بہلائیں بھی

1976ء

***

جس بار بھی ہم اس سے جدا ہونے لگے ہیں
لگتا ہے گنہ گارِ جفا ہونے لگے ہیں

وہ چہرہ نظر آتے ہی کھل جاتی ہیں آنکھیں
اب خواب بہت خواب رُبا ہونے لگے ہیں

خود پر ہی چلانے کی جنھیں مشق بہم تھی
اب سارے وہی تیر خطا ہونے لگے ہیں

اب شاہ نشینوں پہ نہیں کوئی بھی منظر
اب ظلم ان آنکھوں پہ سوا ہونے لگے ہیں

آنکھوں میں چھپانے میں بہت طاق تھے جن کو
لو، دکھ وہی شعروں میں ادا ہونے لگے ہیں

1977ء

***

تیرے دامن کی تھی۔ یا مست ہوا کس کی تھی
ساتھ میرے چلی آئی وہ صدا کس کی تھی

کون مجرم ہے کہ دوری ہے وہی پہلی سی
پاس آ کر چلے جانے کی ادا کس کی تھی

دل تو سلگا تھا مگر آنکھوں میں آنسو کیوں آئے
مل گئی کس کو سزا اور خطا کس کی تھی

شام آتے ہی اتر آئے مرے گاؤں میں رنگ
جس کے یہ رنگ تھے، جانے وہ قبا کس کی تھی

یہ مرا دل ہے کہ آنکھیں، کہ ستاروں کی طرح
جلنے بجھنے کی سحر تک، یہ ادا کس کی تھی

چاندنی رات گھنے نیم تلے کوئی نہ تھا
پھر فضاؤں میں وہ خوشبوئے حنا کس کی تھی

1977ء

***

کس سے ملا چاہیے، کس سے جفا پائیے، کس سے وفا کیجیے
یہ تو عجب شہر ہے، دل بھی لگائیں کہاں، کس سے لڑا کیجیے

رات میں کرنوں کی جنگ، دشت میں اک جل ترنگ، دیدۂ حیراں کا رنگ
حلقۂ زنجیر تنگ، کیسے شعاعِ نظر اپنی رِہا کیجیے

آشیاں کتنے بچے، کتنے گھروندے گرے، کون یہ گنتا پھرے
رات کی آندھی کے بعد سر پہ ہے دستار تو!۔۔ شکر ادا کیجیے

زور ہوا کا عجب، شور ہوا کا غضب، ٹوٹتے گرتے ہیں سب
اپنی ہی آواز تک کانوں میں آتی نہیں، کس کی سنا کیجیے

کیسے لٹی سلطنت، کیسے مٹی تمکنت، ہم بھی کبھی شاہ تھے
جو یہ بتائے ہمیں، اب وہ رعایا کہاں، ذکر بھی کیا کیجیئے

آبلہ پا تھے تو ہم، اور بھی کچھ چاہ تھی؟ اپنی یہ کیا راہ تھی!
دشت وفا چھوڑ کر آج ہم آئے کہاں، کس سے پتا کیجیئے

شب کے مسافر عبیدؔ ایک ہیں شاعر عبیدؔ قانع و صابر عبیدؔ
ان کو نہ کچھ دیجیے، ان سے نہ کچھ لیجیے، شعر پڑھا کیجیے

1977ء

***

وہ لغت نگار بھی تھا مرا درد آشنا ہی
مری زندگی کے معنی جو رقم کیئے تباہی

کوئی موڑ، شہ نشیں پر، ہو کوئی چراغ روشن
مجھے یاد جو دلا دے مرے گھر کا راستہ ہی

مرے جاں نشین لوگو، مرا ننگا سر نہ دیکھو
مرے بعد تم رکھو گے وہی میری کج کلاہی

مرے رب تو اس کے آنچل میں خوشی کے رنگ بھر دے
مجھے جس نے غم دیئے ہیں مرے ظرف سے سوا ہی

مرے آنسوؤں کے موتی، تری نور نور آنکھیں
تری آنکھ کا ہے کاجل مری رات کی سیاہی

وہ جو ایک پل لگی تھی مری آنکھ آخرِ شب
مجھے یاد آیا تیرا وہ نوید صبح گاہی
1977ء

***

تجھ چشم نمی گواہ رہیو
مجھ دل کی لگی گواہ رہیو

اُن آنکھوں کی سازشیں عجب ہیں
اے سادہ دلی! گواہ رہیو

آنکھیں بھی ہیں خشک، چپ بھی ہوں میں
شائستہ لبی، گواہ رہیو

مجھ لب پہ نہ اس کا نام آیا
اے نزع دمی! گواہ رہیو

ٹھہروں بھی تو کیا زمیں رکے گی؟
پیہم سفری! گواہ رہیو

تم بِن نہ کبھی قرار آیا
بستر شکنی! گواہ رہیو

اوروں سا تمھیں بھی میں نے چاہا
تم خود بھی کبھی گواہ رہیو

1977ء

***

شہ مقدّر میں شہ کو مات کہاں
وہ کہاں، اپنی یہ بساط کہاں

چاندنی قطرہ قطرہ پی ڈالو
آج کے بعد ایسی رات کہاں

اب کسی راہ میں چراغ نہیں
اب مرے ہاتھ اس کے ہات کہاں

سنگ بن کر کہیں ٹھہر جائے
دل کی چپ میں کچھ ایسی بات کہاں

رات بھر شمع لے کے ہاتھوں میں
ایسے پھرتی ہیں راہبات کہاں

آ کے اس دل میں کچھ ٹھہر جائے
یوں بھٹکتی پھرے گی رات کہاں

صرف میدانِ کربلا ہے عبیدؔ
اب وہ دجلہ کہاں فرات کہاں

1977ء

***

تھی ساتھ یاد تری، تیز گام کیا کرتا
قدم قدم پہ نہ رکتا تو کام کیا کرتا

اٹھا اور اُٹھ کے ترے شہر میں ہی جادہ کیا
سفر تو پاؤں میں تھا، اہتمام کیا کرتا

یہی بہت ہے شکم پُر ہے اور تن پہ لباس
ترے بغیر میں کچھ تام جھام کیا کرتا

پہاڑ سی سہی، خوابوں میں بیت جاتی رات
مگر بتا کہ سحر کو میں شام کیا کرتا

زباں سکوت کی میں نے کبھی نہ سیکھی تھی
میں اپنی خلوتِ دل سے کلام کیا کرتا

ترے ہی نام کا حصہ بنا رہے تا حشر
سوائے اس کے بھلا میرا نام کیا کرتا

1977ء

***

گلے لگ کر مرے وہ جانے ہنستا تھا کہ روتا تھا
نہ کھِل کر دھوپ پھیلی تھی نہ بادل کھُل کے برسا تھا

کبھی دل بھی نہیں، اک زخم، آنکھوں کی جگہ آنسو
کبھی میں بھی نہ تھا، بس ڈائری میں شعر لکھا تھا

وہ ہر پل ساتھ ہے میرے، کہاں تک اس کو میں دیکھوں
گئے وہ دن کہ اس کے نام پر بھی دل دھڑکتا تھا

یہاں ہر کشتیِ جاں پر کئی مانجھی مقرر تھے
ادھر سازش تھی پانی کی، ادھر قضیہ ہَوا کا تھا

چھپا کر لے گیا اپنے دکھوں کو ساری دنیا سے

لگا تھا یوں تو ہم تم سا، وہ جادوگر بلا کا تھا

1977ء

***

میں نے کیا کام لاجواب کیا
اس کو عالم میں انتخاب کیا

کرم اس کے ستم سے بڑھ کر تھے
آج جب بیٹھ کر حساب کیا

کیسے موتی چھپائے آنکھوں میں
ہائے کس فن کا اکتساب کیا

کیسی مجبوریاں نصیب میں تھیں
زندگی کی کہ اک عذاب کیا

ساتھ جب گردِ کوئے یار رہی

ہر سفر ہم نے کامیاب کیا

کچھ ہمارے لکھے گئے قصّے
بارے کچھ داخلِ نصاب کیا

کیا عبیدؔ اب اسے میں دوں الزام
اپنا خانہ تو خود خراب کیا

1977ء

***

(نذر ظفر)

ہنسنے میں رونے کی عادت کبھی ایسی تو نہ تھی
تیری شوخی غمِ فرقت! کبھی ایسی تو نہ تھی

اشک آ جائیں تو پلکوں پہ بٹھاؤں گا انہیں
قطرۂ خوں تری عزت کبھی ایسی تو نہ تھی

کشت غم اور بھی لہرانے لگی، ہنسنے لگی
چشمِ نم! تیری شرارت کبھی ایسی تو نہ تھی

کتنے غم بھول گیا، شکریہ تیرا غمِ یار
یوں مجھے تیری ضرورت کبھی ایسی تو نہ تھی

وہ مجسم بھی جو آ جائے تو دیکھوں نہ اسے
میری اس بت کی عبادت کبھی ایسی تو نہ تھی

دیر تک بیٹھے، پہ کچھ تو نے۔ نہ میں نے ہی کہا
جیسی تجھ سے ہے رفاقت کبھی ایسی تو نہ تھی

ایک اک شعر سے ٹپکے ہیں لہو کے قطرے
میری دشمن یہ طبیعت کبھی ایسی تو نہ تھی

1978ء

***

وہ مل گیا تھا رہِ خواب سے گزرتے ہوئے
میں سو گیا جو تھا پھر اس کا دھیان کرتے ہوئے

میں دیکھتا رہا دستار کو سنبھالے وہاں
تمام منظرِ دیوار و در بکھرتے ہوئے

کبھی دکھا تو نہ تھا مجھ کو اس کنارے پر
مجھے یہ کون ملا ساتھ پار اترتے ہوئے

کبھی افق کے پرے جاؤں، دیکھوں شب کا سنگھار
کبھی تو دیکھو سکوں چاند کو سنورتے ہوئے

جو چار دن کے لیے گل لٹانے آیا تھا
چلا گیا وہ بہت دور اداس کرتے ہوئے

1978ء

***

(ناصر کی یاد میں)

(مسلسل)

آپ اپنا ہی دل دکھانا ہے
آج پھر اس کو چھوڑ جانا ہے
آج پھر قید ہو گئے بادل
دھوپ میں پھر بدن جلانا ہے
اپنے ہاتھوں سے فرش پر گر کر
شیشے کی طرح ٹوٹ جانا ہے
پھر وہ نرگس کے زرد پھولوں کو

داغ سینے کے جا دکھانا ہے
بجھ گئے قہقہوں کے آتشدان
خود کو اشکوں سے پھر جلانا ہے
شمع کی لو پہ ہاتھ رکھتے ہوئے
پھر سلگنے کی قسمیں کھانا ہے
پھر لہو سرخ ہو گئیں راتیں
پھر اندھیرے دنوں کو آنا ہے
لمبے، میلے، سلگتے رستوں پر
اپنے قدموں کو پھر تھکانا ہے
گود میں اس اندھیری شب کے چلو
کتنا آساں اسے بھلانا ہے
لکھ کے ایسے اداس شعر عبیدؔ
اپنی تنہائی کو سنانا ہے

(ق)

رات آئے تو بھیگے تکیے پر
خواب کی رہ میں شب بِتانا ہے
چلو آنکھیں تو اب بھی اپنی ہیں
خواب میں ہی پھر اس کو آنا ہے

کتنے شاداب ہیں یہ شب کے چِنار
ہم کو ملنے وہیں تو جانا ہے

1978ء

***

کچھ دعا بار یاب بھی دیکھوں
زندگی کے عذاب بھی دیکھوں

خشک آنکھیں ہوں تو مقابلتاً
کوئی گنگا، چناب بھی دیکھوں

جو نہ کہہ پایا، لکھ دیا سارا
جو نہ دیکھا، وہ خواب بھی دیکھوں

کچھ تو فرصت دے دل کی سوختگی
آبلوں کا حساب بھی دیکھوں

خواہشیں ختم ہو چکیں ساری
نیند آئے تو خواب بھی دیکھوں

مدتوں سے نہیں ملی فرصت
کچھ غزل کی کتاب بھی دیکھوں

کون سا سندباد ہوں میں عبیدؔ
جو سفر کامیاب بھی دیکھوں

1978ء

***

بجھ گئے بام دور نیند آنے لگی، شام کو اور ہم جاگتے رہ گئے
ڈوریادوں کی لے کر جو اُلجھی تھی یوں، ہاتھ میں صرف اپنے سِرے رہ گئے

شعر میرے، ترا پیار تھا جانے کیا، اسمِ اعظم تھا یا اللہ دیں کا دِیا
سب سے پہلے مجھے کیسے منزل ملی، راستے میں سبھی قافلے رہ گئے

چند راتوں کا کاجل، دِنوں کی چمک، چند خوابوں کے پھولوں کی جنگلی مہک
میں تو دست تہی اُن سے رخصت ہوا، میرے پیچھے بہت سلسلے رہ گئے

دل کے آنگن میں کل شب تماشہ ہوا، چاندنی مثلِ پازیب بجتی رہی
بربط و نغمہ و جام سب تھے مگر، صبح تک جھیل میں دائرے رہ گئے

گنگنانے لگیں گھر کی انگنائیاں، بج اٹھیں پائیں باغوں میں پُروائیاں
مدتوں بعد شعر اترے یوں عرش سے، کہکشاں کہکشاں راستے رہ گئے

1978ء

***

(ابن انشاء اور خلیل الرحمٰن اعظمی کی یاد میں)

جو جا چکے ہیں غالباً، اتریں کبھی زینہ ترا
اے کہکشاں! اے کہکشاں! روشن رہے رستا ترا

خونابۂ دل کی کشید، آخر کو ترے دم سے ہے
کہنے کو میرا مے کدہ، لیکن ہے مے خانہ ترا

پل بھر میں بادل چھا گئے اور خوب برساتیں ہوئیں
کل چودھویں کی رات میں کچھ یوں خیال آیا ترا

''اے زندگی اے زندگی'' ''کچھ روشنی کچھ روشنی''

چِلّا رہا تھا شہر میں مدت سے دیوانہ ترا

اب گائیکوں میں نام ہے، ورنہ جو اپنے گیت تھے
وہ سارے دل کے زخم تھے، دراصل احساں تھا ترا

غزلیں مری تیرے لیے یادیں تری میرے لیے
یہ عشق ہے پونجی مری، یہ شعر سرمایہ ترا

1978ء

***

تھا وہ جنگل کہ نگر یاد نہیں
کیا تھی وہ راہگزر یاد نہیں

یہ خیال آتا ہے، میں خوش تھا بہت
کس طرف تھا مرا گھر یاد نہیں

کیا تھی وہ شکل، پہ بھولی تھی بہت
پیارا سا نام تھا، پر یاد نہیں

زخموں کے پھول ہیں دل میں اب بھی
کس نے بخشے تھے، مگر یاد نہیں

اک گھنی چھاؤں میں دن بیتا ہے
شب کہاں کی تھی بسر، یاد نہیں

ایک لمحہ تو دھڑکتا ہے ضرور
کئی صدیوں کا سفر یاد نہیں

طاق تھے داستاں کہنے میں عبیدؔ
اب بجز دیدۂ تر، یاد نہیں

1978ء

***

مہک اٹھے گا گل موج سے سمندر بھی
جو فصل آئی تو مہکیں گے رہ کے پتھر بھی

سزا ملی ہے مجھے اپنے جھوٹ کی شاید
کہ جی رہا ہوں، ابھی تک میں تجھ کو کھو کر بھی

نہ فصلِ گل ادھر آئی نہ کشتِ زخم پھلی
نہ سینچ پائی اسے جوئے دیدۂ تر بھی

اب اور رنگ نہیں خوں میں تر سحر کے بعد
لو آج ٹوٹ گیا بازِ شب کا شہ پر بھی

دریچہَ شبِ ہجراں کا فضل ہے یہ عبیدؔ
وہ شعر اُترے ہیں، مرہم بھی ہیں جو نشتر بھی

1978ء

***

اس اندھیرے میں پھر دعا مانگوں
جلتے سورج کا سامنا مانگوں
پاؤں میں حلقۂ جنوں چاہوں
چہرے پر چشمِ خواب زا مانگوں
سر کا سودا تو رائیگاں ٹھہرا
پیر میں کوئی سلسلہ مانگوں
پا شکستہ کھڑا ہوں تیرے حضور
اب ہتھیلی میں آبلہ مانگوں
کیا خبر کوئی معجزہ ہو جائے
آج میں ننگے سر دعا مانگوں

کچھ، بجز خود، میں دے سکوں نہ تجھے
تجھ سے میں کیا ترے سوا مانگوں
سخنِ خوں چکاں ہی لکھوں عبیدؔ
عشق کی اور کیا سزا مانگوں

1978ء

***

دل کو کیسی بے چینی ہے
کیا جنگل میں آگ لگی ہے
کیا کیا نہ تجھ کو میں نے ستایا
اب چپ ہوں، جب سزا ملی ہے
تیرے ہاتھوں میں سونا ہے
میرے ہاتھوں میں مٹی ہے
ہاتھوں پر ترے ہونٹ نہیں ہیں
خوابوں والی رات ڈھلی ہے
کھلیانوں میں رکھ دو یادیں
ہوا یہ فصل جلا دیتی ہے
تجھ سے کیا کیا گلے کیئے تھے
بدلے میں بس دعا ملی ہے

فصلِ گل رستے میں ہو شاید
آنکھوں میں کچھ نمی نمی ہے
ابھی ابھی محسوس ہوا ہے
تو کھڑکی سے جھانک رہی ہے
اب تو کانٹے بونے ہوں گے
پھولوں کی رُت بیت چلی ہے
میں خود اپنے پاس نہیں ہوں
کیسی ستم کی تنہائی ہے
کہتا ہوں پل پل ساتھ گزارا
لیکن یہ سب تحریری ہے
خط بھیجوں، خود آؤں نہ آؤں
کہہ دے جو تیری مرضی ہے
تیرے بنِا میں بدل گیا ہوں
مجھ سے جدا تو پھر بھی وہی ہے

میں بھی دیوانہ پاگل ہوں
تو بھی بے حد جذباتی ہے
میرے بنا کیا کھایا تو نے
جانے کیا ساری پہنی ہے
یہ میرا کیا پاگل پن ہے
کیسی الٹی سوچ لگی ہے
تم بھی عبیدؔ اب تو سو جاؤ
رات کو بھی نیند آنے لگی ہے

1978ء

***

(روحِ ناصر کے لئے ایک اور غزل)

رات تھی اور گھنا بن تھا
دل کا کیا وحشی پن تھا
پیار میں کیا کیا لڑتے تھے
ہم میں کتنا بچپن تھا
تو مرے گیتوں کی لے تھی
میں ترے پاؤں کی جھانجھن تھا
ہم دونوں زنجیر بپا
کیسا اپنا بندھن تھا
آگ تو تھی جنگل میں لگی

میں کیوں اس میں ایندھن تھا
پتوں کے گھنگھرو سے بجے
ورنہ گُپ چُپ آنگن تھا
ہلتے ہاتھ جو نیچے آئے
پھر سونا اسٹیشن تھا

1978ء

***

پردۂ خزاں کے آر پار کون ہے؟
گرد اڑا گیا جو شہسوار کون ہے؟
اِس طرف تو بس گئے ہیں صرف اُس کے رنگ
دیکھتا ہوں آئینے کے پار کون ہے؟
یہ خزاں کے پاؤں کی صدا کے ساتھ ساتھ
گا رہا ہے نغمۂ بہار کون ہے؟
راہ میں بکھر گئے دھنک کے سات رنگ
رنگ جس کے ہیں وہ گُل عذار کون ہے؟
ہر کتاب سے مٹا رہے ہیں ایک نام
کیا چھپاتے ہیں، وہ طرحدار کون ہے
سرخ سرخ نیلے نیلے پیلے پیلے پھول
یہ قبا ہے کس کی، یہ بہار کون ہے؟

میں تو ہوں فصیل کے اِدھر کھڑا عبیدؔ
خوں میں تر یہ پیشِ کوئے یار کون ہے؟

1978ء

***

رنگ کیا کیا بکھیر کر کوئی
یاں سے گزرا تھا خوں میں تر کوئی
دل کھنڈر کر گیا ہے راتوں رات
بسنے آیا تھا اپنے گھر کوئی
شام تک کیا بسا بسایا تھا
رات کو لُٹ گیا نگر کوئی
شام آئے تو گدگدائے اسے
چُپ سی بیٹھی ہے دوپہر کوئی
مدّتوں پر ملے ہے ایسا شخص
جان کھوتا ہے جان کر کوئی!

میں نے کھڑکی سے چھپ کے دیکھا تھا
صحن میں ننگے پاؤں ڈر کوئی

(ق)

اب نکل کر کہیں نہ جائے گا
لوٹ آیا ہے اپنے گھر کوئی
اب تو دن کو بھی نیند آنے لگی
اب نہیں پاؤں میں سفر کوئی

آج دیکھا کہ ختم ہوتی ہے
چلتی جاتی تھی رہگزر کوئی
خوف کے سائرن خموش ہوئے
اب نہیں شہر میں خطر کوئی

1978ء

***

(علی گڑھ 79-1978)

آس بر آئی تھی پانی کی مگر روشن رہا
خار و خس جلتے رہے ہر بام و در روشن رہا
کتنی امیدوں کے لوباں خوشبوئیں دیتے رہے
سرخ شعلوں سے جو گھر گھر رات پھر روشن رہا
کیسی کیسی قدِ آدم مشعلیں جلتی رہیں
کیسی دیوالی تھی کل، سارا نگر روشن رہا
اس کنارے سے بندھی سب کشتیاں جلتی رہیں
اور یہ دریا کا کنارہ، بے خبر، روشن رہا

رات کیسا چاند اترا تھا مری انگنائی میں
کوئی سایہ تک نہ تھا اور سارا گھر روشن رہا
وہ مرا دار الاماں تھا یا تھا جانے کیا عبیدؔ
کچھ تو صحرا کے پرے تھا، تا سحر روشن رہا

1979ء

***

ٹھیک کہا، یوں دل ہی کسی سے لگائے کون
ایک دیا جب جل ہی گیا تو بجھائے کون

آئینہ ہی بدلا بدلا لگتا ہے
اپنے پر جھوٹا الزام لگائے کون

کرفیو ہے اور گشت سپاہی کرتے ہیں
یادوں کی سنسان ڈگر پر جائے کون

میں تو اپنے اندر اندر جلتا ہوں
شعر سنا کر محفل کو گرمائے کون؟

اب یہ مکھوٹا چہرے جیسا لگتا ہے
اب اپنے اس خول سے باہر آئے کون؟

کس کو وقت مزار پہ فاتحہ پڑھنے کا
دل کے قبرستان میں عود جلائے کون؟
وہ تو یہ بستی چھوڑ چکا اب یہاں عبیدؔ
نئے نئے ملبوس پہن کر آئے کون؟

1979ء

***

پتہ نہیں کہ مجھے واقعی محبت ہے
مگر وہ میرے لیے اک اہم ضرورت ہے
وہ غیر کب ہے جو شکوہ کروں جدائی کا
وہ مجھ میں ہے، مجھے کیوں اپنے سے شکایت ہے
خزاں کا بوجھ اٹھائے جھکی ہوئی اک شاخ
یہ لگ رہا ہے مجھے، میری ہی علامت ہے
یہ پیڑ جیسے مری فوج کے سپاہی ہیں
یہ سبز سبز سمندر مری حکومت ہے
خدا بھی خوش ہے بہت آسماں پہ بیٹھا ہوا
یہاں مجھے بھی کسی سے نہ کچھ شکایت ہے
بِتا دئے کئی دن جس کے ساتھ اب اس سے
عجیب لگتا ہے کہنا ''مجھے محبّت ہے''

ہمارے بعد کئی شہ گزر گئے لیکن
غزل کے شہر میں پھر اپنی بادشاہت ہے

جو ایک نار کو دل دے دیا، سو ٹھیک مگر
میاں ہٹاؤ۔ یہ سب شاعری حماقت ہے

یہ سرخ جنگلی پودے کنارِ آب عبیدؔ
کسی کے چہرے کی ان میں بڑی شباہت ہے

1980ء

***

محفل یاراں خوشی، غم سارے مدغم ہو گئے
قہقہے ایسے لگے، سب دیدہ نم ہو گئے

دھوپ تھی تو نیلے پیلے پھول روشن تھے تمام
رات کیا آئی کہ سارے رنگ مدھم ہو گئے

اک نظر سے زیر اس نے کر دئے کیا کیا جواں
ہائے کیسے کیسے شعلے تھے کہ شبنم ہو گئے

زخم مہکا اور نم نمکیں ہوا چلنے لگی
شعر کہنے کے سبب سارے فراہم ہو گئے

رنگ تھا وہ یا کوئی خوشبو تھی یا سُر تھا عبیدؔ
خیر مقدم کو حواس اپنے جو باہم ہو گئے

1980ء

***

دو غزلہ ۔ ۱ (قحط زدہ گاؤں میں غزل)

وہ ہولیاں منانے والے کس طرف چلے گئے
وہ تعزئے اٹھانے والے کس طرف چلے گئے

سویرے گاؤں کی فضا کا وہ دھواں کہاں گیا
وہ بیل دھول اڑانے والے کس طرف چلے گئے

یہ پنگھٹوں کو کیا ہوا۔ جو چُپ سی لگ گئی انہیں
وہ رنگ دل لبھانے والے کس طرف چلے گئے

پہاڑیوں پہ چرنے والی بکریاں کدھر گئیں
وہ بانسری بجانے والے کس طرف چلے گئے

وہ "پیاس پیاس" چیختی ٹھہریاں کہاں گئیں
وہ ہنس موتی کھانے والے کس طرف چلے گئے

الاؤ جل رہا ہے اور لوگ سب خموش ہیں
وہ ماہیا سنانے والے کس طرف چلے گئے
تڑخ رہی ہے گرم دھرتی پیر کس طرف رکھیں
وہ میگھ راگ گانے والے کس طرف چلے گئے

1980ء

***

دو غزلہ ۔ دو

وہ ہاتھ گدگدانے والے کس طرف چلے گئے
وہ بچے چھپانے والے کس طرف چلے گئے

وہ چار دن کی چاندنی تھی یہ اندھیری رات ہے
وہ جگنو جگمگانے والے کس طرف چلے گئے

جو ہاتھ خشک بالوں کو سنوارتے تھے کیا ہوئے
سکوں کی نیند لانے والے کس طرف چلے گئے

کتابوں میں لکھا تھا، ایسے ہی یُگوں میں آئیں گے
وہ جو نبی تھے آنے والے، کس طرف چلے گئے

ادھر تو شہرِ گریہ ہے، فصیل کے اُدھر مگر
وہ ہونٹ مسکرانے والے کس طرف چلے گئے
ہر اک طرف پکار دیکھا کوئی بھی نہیں یہاں
وہ بستیاں بسانے والے کس طرف چلے گئے

1980ء

***

ایک اک کر کے ہر اک زخم دہائی دے گا
یہ سفر کچھ نہ سوا آبلہ پائی دے گا

اک ذرا اور بلندی پہ چڑھو۔ پھر دیکھو
رات کو شہر بھی آکاش دکھائی دے گا

بجتے بجتے سبھی اک لمحے میں تھم جائیں گے ساز
پھر یگوں کچھ بھی کسی کو نہ سنائی دے گا

پیار کے پھول میں ہر دن نے بھرا اک نیا رنگ
اگلا دن اب اسے اک رنگِ جدائی دے گا

آخرش طے کیا ناکردہ کو بھی کرے قبول
یوں کہاں تک وہ بھلا روز صفائی دے گا

وہ کئی نوری برس دور تھا، یہ کیا تھی خبر
میرے کاندھوں پہ رکھے ہاتھ دکھائی دے گا

1980ء

***

اشک تھا یا شرار تھا۔ کیا تھا
کچھ سرِ چشمِ یار تھا کیا تھا

لب تلک نام بھی نہ آیا کبھی
دل میں کچھ پاسِ یار تھا۔ کیا تھا

ہم تھے تنہا کہ قافلہ بھی تھا
اپنے آگے غبار تھا۔ کیا تھا

اک دیا سا کہیں چمکتا تھا
کچھ سرِ رہگزار تھا۔ کیا تھا

لو نہتّی ہوئی سپاہ تمام
ایک تنہا سوار تھا۔ کیا تھا

اب بھی امید تم کو کیا تھی عبیدؔ
دل میں کچھ اعتبار تھا۔ کیا تھا

1981ء

***

خامشی یوں ڈرا رہی ہے ہمیں
اک ندا ہے بلا رہی ہے ہمیں

بن گئے گیت کس کے سُر سے ہم
زندگی گنگنا رہی ہے ہمیں

ڈوبنے آئے تھے۔ مگر یہ ندی
بہتے رہنا سکھا رہی ہے ہمیں

پہلے جو لوریاں سناتی تھی
یاد اس کی جگا رہی ہے ہمیں

اب تو یہ یاد بھی نہیں ہم کو
یاد یہ کس کی آ رہی ہے ہمیں

غمِ یار آ لپٹ کے سو جائیں
رات لوری سنا رہی ہے ہمیں

پھر کوئی شعر اترنے والا ہے
دن میں بھی نیند آ رہی ہے ہمیں
ٹھنڈی ٹھنڈی ہوائے صبح عبیدؔ
آ کے پھر تھپتھپا رہی ہے ہمیں

1981ء

***

کیا رنگ بھلا دستِ ستم گر میں نہیں تھا
جاں زیب کوئی زخم مقدّر میں نہیں تھا

کل "چھم" سے اچانک مرے آنگن میں وہ آیا
اور شومیِ تقدیر کہ میں گھر میں نہیں تھا

کیا پیش کروں میں تری آنکھوں کا جواب اب
ایسا دُرِ خوش آب سمندر میں نہیں تھا

بے موسم گُل اس نے جو فرمائشِ گل کی
اک برگِ خزاں میرے مقدر میں نہیں تھا

یہ پیچ کہاں سے مری تقدیر میں آیا
وہ خم جو ترے گیسوئے عنبر میں نہیں تھا

خوشبوئیں عبیدؔ ایک سی ساری نہیں ہوتیں
جو تھا ترے بالوں میں، گلِ تر میں نہیں تھا

1981ء

***

عبیدؔ کیا ہوا غزلیں سنا رہا ہے بہت
جو خوش کرے ہے، تو دل بھی دُکھا رہا ہے بہت

بس ایک رنگِ شفق ذہن میں ہے، نام نہ نقش
وہ کون شخص ہے جو یاد آ رہا ہے بہت

ہے ایک ترکِ تعلق کا نشّہ صرف اسے
ہمیں تو اس سے سدا واسطہ رہا ہے بہت

ہم اپنے دل سے کہیں کیا۔ عجیب پاگل ہے
شبِ فراق ہے اور گنگنا رہا ہے بہت

اے رنگِ پیرہنِ یار، یہ ہے دورِ خزاں
خیال رُت کا نہیں، گل کھلا رہا ہے بہت

ہم اب نہ بھول کے بھی یاد اسے کریں گے عبیدؔ
جو وعدہ کر کے سدا بھول جا رہا ہے بہت

1981ء

***

یہ دن ایسے ستم گر ہو گئے ہیں
ہم اپنے گھر میں بے گھر ہو گئے ہیں

مری آنکھوں سے جو نکلے تھے آنسو
تری آنکھوں میں گوہر ہو گئے ہیں

جہاں اک دن دھنک لہرائی اس نے
ہم اس رستے کے پتھر ہو گئے ہیں

صدا اپنے ہی در پر دے رہے ہیں
عجب پاگل گداگر ہو گئے ہیں

لہو سے یوں لکھو گے شعر کب تک
اُٹھو دفتر کے دفتر ہو گئے ہیں

کریں تبلیغِ دینِ عشق گھر گھر
عبیدؔ اب تو پیمبر ہو گئے ہیں

1981ء

***

ابھی کھلا تھا گلِ عشق، پل میں مر بھی گیا
ابھی چڑھا نہ تھا دریا، ابھی اتر بھی گیا

کبھی گری تو تھی دستار اپنی پہلے بھی
ان آندھیوں میں تو اس بار اپنا سر بھی گیا

تری قبا کا کوئی گل، کہ آنکھ کا موتی
وہ کیا تھا جو شب ہجراں میں رنگ بھر بھی گیا

میں تیرے خواب سے چونکا کہ جیسے تو آئی
مگر وہ جھونکا بہت نرم رو گزر بھی گیا

عبیدؔ جیتا رہا عمر زندگی کے بغیر
نہ آئی موت بھی، لیکن وہ آج مر بھی گیا

1982ء

***

ہم ہوں تنہا تو نہیں دشت کی پنہائی بہت
ساتھ تیرا ہو تو چھوٹی سی یہ انگنائی بہت

اک یہی ہے مرا سرمایہ اسے بھی لے لے
تیری بے مہری سلامت ہے تو رسوائی بہت

چاندنی شب بھی نہ تھی آج۔ نہ رُت پھولوں کی
کیوں چلی ایسی ہوا، یاد تری آئی بہت

یہ نہ تھی پہلی دفعہ کی تو جدائی کوئی
جانے کیوں آج طبیعت مری گھبرائی بہت

تجھ سے بچھڑیں کہ کوئی اور بہانہ مل جائے
ہم کو رہتی ہے سدا غم سے شناسائی بہت

1982ء

***

مجھے چاہے جتنا رلائے تو، تجھے دیکھ کر میں ہنسا کروں
میں نبی ہوں مذہبِ عشق کا، ترے حق میں صرف دعا کروں

ترا نام دن کے نصاب میں، ترا نام رات کے خواب میں
ترا نام لوں تو میں سو سکوں، ترا نام لے کے جگا کروں

تیرا ایک چھوٹا سا پیار بھی مرا مایہ ہے مرا جام جم
تجھے سامنے جو نہ پاؤں میں تو اسی میں تجھ کو تکا کروں

ترا سرخ و سرمئی پیرہن مرے دل کی آنکھ میں سج گیا
میں بھی زخمِ دل کی قبا پہن، تری یاد بن کے سجا کروں

یہ مرا قلم مرے ہاتھ ہیں، تو نہیں تو یہ مرے ساتھ ہیں
انہیں اپنے ہونٹوں سے چوم کر تجھے روز چٹھی لکھا کروں

میں نہتّا۔ بے سپر۔ اسلحہ مرا صرف جلنے کی آرزو
میں چراغِ شب ہوں عجیب شے کہ غنیمِ شب سے لڑا کروں

زرِ ارض کے لیے دشت و در، سبھی چھان دیکھے، کمایا زر
یہ غزل ہے مفت کا اک ہنر کبھی یہ بھی کام کیا کروں

1982ء

***

یہ زمیں کس کی ہے، یہ فصل بتا کس کی ہے
دل چمن ہو گیا یہ "کُن" کی صدا کس کی ہے
مختلف رنگ کے ہر سمت اڑے ہیں چھینٹے
کون اس راستے گزرا یہ قبا کس کی ہے
سانجھ اب ہو چلی چو دیس، کہاں بیٹھے ہو
گھر چلو، یہ اب بھی یہ امّید بھلا کس کی ہے
پردۂ شب سے لپٹ سو گئی ساری دنیا
جاگتی جاگتی سی ایک صدا کس کی ہے
سامنے آئے تو دیکھوں کہ برنگِ گُلِ تر
گرم رت میں یہ خنک بوئے حنا کس کی ہے
سرخ اور دھند بجز کچھ بھی نظر آتا نہیں
کس کا سر ہے لہو آلود، ردا کس کی ہے

پھول کھل اٹھتے ہیں جب یاد کوئی آتا ہے
چمن دل میں سُبک سیر صبا کس کی ہے
بے سُرا شور ہے ہر سو عجب آوازوں کا
یہ مگر ایک صدا سب سے جدا کس کی ہے

1983ء

★★★

(ناصر کاظمی کی روح کے لیے)

ہاتھوں میں تھے اس کے ہات کچھ دیر
ٹھہری رہی کائنات کچھ دیر

اک لمبی طویل رات کے بعد
اک رات وہ آئی رات کچھ دیر

کرنوں کا جلوس، چاند ڈولی
آنگن میں رہی برات کچھ دیر

پھر پھول اگے، بہار جاگی
مہکی سی رہی یہ رات کچھ دیر

کیا ماتھے کا چاند کھِل رہا تھا
بھولے رہے غم کی رات کچھ دیر

اے صحنِ چمن گواہ رہنا
وہ گل رہا میرے سات کچھ دیر

پو پھٹتے ہی کیا اُلٹ گئی ہے
بچھتی ہے سدا بساط کچھ دیر
بیٹھو بھی ذرا رقیب پیارے
کرتے رہو اس کی بات کچھ دیر
اپنے کو لیے رہو گے کب تک
ہوتے ہیں تکلّفات کچھ دیر
اک شب تو حسابِ زخم دیکھوں
تھم جائیں جو حادثات کچھ دیر
اب آج دنوں پہ شعر کہہ کے
کچھ دِل کو ملا ثبات کچھ دیر

1983ء

***

یوں بھی ہوئی ہے غم سے محبّت کبھی کبھی
ہم سے ہوئی نہ اس کی شکایت کبھی کبھی

یوں گُم تھا دِل، شناخت نہیں کر سکے اُسے
جب آئی سامنے تری صورت کبھی کبھی

تڑخی ہوئی زمیں تھی جہاں، آج جھیل ہے
یوں بھی رحیم ہوتی ہے فطرت کبھی کبھی

اب تجھ کو کیا بتائیں، کہ اپنے ہی شعر میں
محسوس کی ہے تیری شباہت کبھی کبھی

یہ عشق اپنے واسطے سودا نہ تھا عبیدؔ
خوش بختوں کو ملی ہے یہ دولت کبھی کبھی

1984ء

***

جھونکے پہ تیرا شک ہو، یہ سوچا نہ تھا کبھی
میں منتظر رہا۔۔۔ مگر ایسا نہ تھا کبھی

خوش وقتوں کے ہجوم میں گاتے تھے جھوم جھوم
یہ بات تب کی ہے، تجھے دیکھا نہ تھا کبھی

اک گھر ہو جس میں چین کی بنسی بجائیں ہم
تب چاہتے تھے جب تجھے چاہا نہ تھا کبھی

راوی! کبھی تو چین بھی لکھ۔۔۔ کیا نصیب میں
اِس دِل سے اُس کی یاد بھُلانا نہ تھا کبھی؟

اے قیس!۔۔۔ اخی! بتا کہ ستاتا ہے یوں ہی عشق؟
ہم نے تو دل میں روگ یہ پالا نہ تھا کبھی

یاروں نے لکھ کے ناولیں رکھ دیں دوکان میں
ہم نے تو اُس کا نام بھی لکھّا نہ تھا کبھی

1984ء

***

پھر لوٹ کر آئے یا نہ آئے
ایسا نہ ہو شام بیت جائے

دو نام درختوں پر لکھے تھے
گوری رہی کنج میں لجائے

ہر گل کو بسا کے رکھ لوں دل میں
شاید کہ بہار پھر نہ آئے

بکھرے پھر موتی آنسوؤں کے
جیسے کوئی ہار ٹوٹ جائے

بیماریِ دل عجب مرض ہے
اے چارہ گرو۔ کوئی اُپائے؟

شاید کہ میں تجھ کو بھول جاؤں
لب پر جو نہ تیرا نام آئے

1985ء

***

سفر میں درد کا سورج مجھے جلائے بھی
نہالِ غم کے تلے مجھ کو چین آئے بھی
ہیں اک خطِ متوازی یہ تیری یاد اور دل
کبھی قریب جو آئے تو دور جائے بھی
جو جاگتا ہوں تو یادوں کی تھپکیاں ہیں بہت
جو سو رہا ہوں تو کوئی مجھے جگائے بھی
نہیں ہے نور، سلگتا ہوا دیا ہوں میں
وہ پہلے پانی کی اک بوند اب تو آئے بھی
"وہ بات سارے فسانے میں جس کا ذکر نہ تھا"
وہ بات شعر کے پردے میں چھپ کر آئے بھی

1986ء

***

میں سوچتا تھا اسے آج ٹالنے کے لیے
پھر آئی یاد، مرا گھر سنبھالنے کے لیے

مری سرشت نہیں تھی کہ منّتیں کرنا
خود آئی موج یہ موتی اچھالنے کے لیے

میں خود ہی پھانس چبھو بیٹھا دل میں، جاتا تھا
کسی کے پاؤں سے کانٹا نکالنے کے لیے

وہ موتیوں بھری موجیں مجھے ڈبو کے گئیں
میں مر رہا تھا سمندر کھنگالنے کے لیے

یہ غم تھا پہلے وہ پل بھر کو آ کے مل جائے
وہ آ کے دے گیا دکھ اور پالنے کے لیے

وہ پرس اپنا جھلاتی چلی گئی دفتر
مجھی کو چھوڑ گئی گھر سنبھالنے کے لیے

1986ء

***

کبھی تو دھوپ کبھی ابر کی رِدا مانگے
یہ کشتِ غم بھی عجب موسم و ہوا مانگے

فقیر جھولی کی کلیاں لٹانے آیا ہے
امیر شہر کو ڈر ہے نہ جانے کیا مانگے

کبھی ہو دورِ قناعت تو حالِ بد میں بھی خوش
جو مانگنے پہ دل آئے تو بارہا مانگے

قدم رکیں تو لہو کا بہاؤ رک جائے
شکستہ پا بھی پہاڑوں کا سلسلہ مانگے

میں جس تلاش میں تھک کر خموش بیٹھ رہا
وہ مل گیا ہے خزینہ مجھے بِنا مانگے

جو میرے ہاتھوں میں ہاتھ آ گئے وہ رنگ بھرے
یہ دل کہ بھاگتے لمحوں کو تھامنا مانگے

1986ء

***

سنگم سے لے کے غارِ حرا تک چلا گیا
میں جادۂ وفا سے فنا تک چلا گیا

گم صم ہوں آج دیکھ کے ویرانیِ چمن
اب کی خزاں میں برگِ نوا تک چلا گیا

یوں سوختہ دلوں کی فلک تک رسا ہوئی
اٹھتا دھواں نواحِ خلا تک چلا گیا

مثلِ ہوا نہیں ہیں مری سرحدیں کہیں
میں جب بھی چل پڑا تو ورا تک چلا گیا

دریا میں کچھ نہیں ہے بجز شامِ زر نگار
اس آبِ زر میں نقشِ ہوا تک چلا گیا

بیکار ہی رہا مرا پیڑوں تلے قیام
عرفان کے لیے میں گیا تک چلا گیا

1986ء

***

سیلاب نے جو پہلے کنارا مٹا دیا
ساحل کی گرتی ریت نے دریا مٹا دیا

ان رخ گلوں کا ذکر ہی کیا، وہ ہوا چلی
آندھی نے برگِ نقشِ کفِ پا مٹا دیا

میں نے تو کچھ کہا بھی نہ تھا، ہاں بس ایک بار
کاغذ پر اس کا نام لکھا تھا، مٹا دیا

بکھرے ہیں چاروں سمت ہی بتّے ورق ورق
طفلِ خزاں نے کیا لکھا، کیا کیا مٹا دیا

یاد آتی تھی وہ شکل بس اک پل کہ وقت نے
مدّت پہ دل میں نقش بنا تھا، مٹا دیا

میں تھا بس ایک قطرۂ شبنم پہ نوکِ خار
جس کو کہ تیز دھوپ نے پیاسا مٹا دیا

1986ء

***

سوائے پیشۂ عشق اور معاش کیا کرتا
ترے بغیر کہیں بود و باش کیا کرتا
مدارِ پا مجھے پھرتا تھا شہر شہر لیے
وہ شخص تھا مرے دل میں، تلاش کیا کرتا
وہ شخص تو مرا ہمزاد تھا، مری جاں تھا
جو اس نے راز دیا تھا، وہ فاش کیا کرتا
گدا سمجھ کے امیرانِ شہر دے گئے بھیک
میں تیرے در پہ پڑا تھا فراش، کیا کرتا
یہ سوچنے کے سوا اور کچھ نہ کر پایا
یہ کرنا کاش، وہ کرتا میں کاش، کیا کرتا

1986ء

***

یوں تو اشکوں کا ہر اک قطرہ کراماتی ہے
چشمِ تر سوختہ دل کے لئے نا کافی ہے

لاکھ ناراض ہو وہ ہم سے، تسلّی ہے مگر
شعلۂ گل کے تلے سبزہ ابھی باقی ہے

بند کر دو کہ یہ تصویریں بکھر جائیں گی
اس دریچے سے بہت تیز ہوا آئی ہے

صرف اک ربطِ وفا، اور نہ کچھ میں مانگوں
تجھ کو ہر قول و عمل کے لیے آزادی ہے

''میں نے چاہا تھا کہ اندوہِ وفا سے چھوٹوں''
جاں کہ پھر آبلۂ دل کی تمنّائی ہے

کیا عجوبہ ہے طنابیں تو تنی ہیں لیکن
خیمۂ جاں ہے کہ یہ شعلوں کی برساتی ہے

1986ء

***

کیسا جادو ہے کہ ایسے پسِ دیوار کہاں تھا پہلے
دل وہ وحشی تھا کسی طور گرفتار کہاں تھا پہلے

اب ودیعت ہوا ورثہ مجھے قیس ابن ابی عامر کا
مرضِ عشق مری جان کا آزار کہاں تھا پہلے

اب یہ دستور نیا ہے کہ وہ شہ ہوگا لئے ہو جو صلیب
ایک اک شہر کا سردار سرِ دار کہاں تھا پہلے

دکھ کی بستی کو بسے ہو چکے یوں سال ہزاروں لیکن
اپنا یہ مرتبہ، یہ منصبِ شہ وار کہاں تھا پہلے

کیا نئی رُت ہے کہ کانٹوں کے گلستاں کے گلستاں اُگ آئے
اب سفر قریۂ جاں کا جو ہے دشوار کہاں تھا پہلے

1986ء

***

ویسے تو ہم نے تجھ سے محبت بھی کی بہت
لیکن قبول جرم، شرارت بھی کی بہت

لے کر کہاں کہاں پھرے ابیات کی کتاب
ہم نے دیارِ غم کی سفارت بھی کی بہت

پائے وفا میں آ ہی گئیں تھک کے لغزشیں
در دشتِ نجدِ عشق مسافت بھی کی بہت

آخر کو آ کے جم ہی گئے دل کے گھر میں سب
ہم نے کچھ ان دُکھوں سے مروّت بھی کی بہت

یہ کاروبارِ عشق ہی سودا زیاں کا تھا
کچھ خرچ نقدِ دل میں کفایت بھی کی بہت

ہم موتیوں کے ڈھیر لٹائیں یہاں وہاں
لوگوں نے شاعری کی تجارت بھی بہت

1986ء

***

مصحف اقبال توصیفی کی نذر

لہو کا سرخ سمندر رہا ہے آنکھوں میں
غروب شام کا منظر رہا ہے آنکھوں میں

یہ سوتی جاگتی سوچیں، خیال، یادیں، نیند
عجیب عرصۂ محشر رہا ہے آنکھوں میں

تمام عمر معطّر ہماری جان رہی
وہ ماورائی گلِ تر رہا ہے آنکھوں میں

وہ ایک نام کہ ہونٹوں پہ جم گیا جیسے
وہ ایک دھندلا سا پیکر۔۔۔۔ رہا ہے آنکھوں میں

یہ کیا ہوا کہ مقفّل تھا دل کا دروازہ
ہے کون شخص جو آ کر رہا ہے آنکھوں میں

1987ء

***

مری نوا کو خدا ایسی کچھ رسائی دے
میں چُپ رہوں بھی تو نغمہ مرا سنائی دے

گناہ میں تو مزا پہلے بھی نہ تھا۔ اب تو
ثواب میں بھی نہ لذت کوئی دکھائی دے

گدائی کے لیے حاضر ہیں ہم۔ مگر پہلے
ملے یہ بھیک، کوئی کاسۂ گدائی دے

جز ایک لفظ وفا کچھ نہ لکھنا چاہوں میں
مرے قلم میں خدا اتنی روشنائی دے

تری گلی سے کہیں بھی نہ جا سکوں، یوں ہو
ہے گشت جرم، سزائے شکستہ پائی دے

1988ء

***

چھند دوہا

کیوں بیٹھے روتے اسے، جو تمہیں بھول گئی
تم تو بھلکڑ تھے بھلے۔ بھول بھی جاؤ بھئی

ابھی ابھی تو آخری، چوڑی ٹوٹی تھی
کالی بلّی کلموہی، رستہ کاٹ گئی

گاؤں سارا خوش ہوا کچھ جھگڑا نہ ہوا
اللہ دیا کے ساتھ جو، چل دی رام دئی

سچ پوچھو اک شہر میں، تم ہی شاعر ہو
وہی پرانی بات ہے پھر بھی بات نئی

صبح کو یوں نہ لپیٹ دو، دوہوں کا بستر
کچھ عبیدؔ جی پھر کہو، بیتے روز کئی

1989ء

***

گل ہوئی ہر روشنی، بس ایک در روشن رہا
شہرِ تاریکی میں اک آنکھوں کا گھر روشن رہا
ذہن سوکھی گھاس تھا، ننھی سی چنگاری تھی یاد
وہ الاؤ جل اٹھا جو رات بھر روشن رہا
سارے گھر کی بتّیاں ایک ایک کر کے بجھ گئیں
چھاؤں تھی تاروں کی بس، اور ایک در روشن رہا
دن میں سایہ کُن رہیں بوڑھی دعائیں، رات کو
ایک چھوٹا سا دیا پیشانی پر روشن رہا
کشتیِ جاں تھی کہ سیلِ آب میں بہتی رہی
آندھیوں میں اک چراغِ بے سپر روشن رہا

1992ء

***

یہ اشک روکنے کا فن مجھے کوئی سکھا گیا
اتھاہ بحرِ بے کراں تھا، شعر میں سما گیا

وہ جس کی یاد بھی مجھے نہ اشک بار کر سکی
نہ جانے مجھ کو یاد کر کے کس طرح رلا گیا

جو ہاتھ فصل لوٹتے رہے تھے شل کیے گیے
ہری بھری خدائی میں زمیں کو چین آگیا

مرے خدا نے دو جہاں کی روشنی جو بخش دی
مری عبادتوں کا نور کس طرف چلا گیا

جو موسموں کی طرح لوٹ آ رہا تھا سال سال
وہ قیس شہر اب ہمیشہ کے لیے چلا گیا

بس اتنا یاد ہے کہ پو پھٹے غزل تمام تھی
اک ایک شعر جانے مجھ سے کس طرح کہا گیا

1992ء

***

وہ شخص جس کی یاد اب مرے گلے کا ہار ہے
وہ رات کی سیاہیوں میں چاندنی کا تار ہے

یہ کس کی بد دعا کی آگ اس چمن میں لگ گئی
بجھا بجھا بلوط ہے جلا جلا چنار ہے

یہ انجمن تو پہلے جھنجھناتی پائزیب تھی
یہ کیا ہو ہر ایک ساز اب شکستہ تار ہے

وہ مرے ساتھ ساتھ ہے، میں چاہے جس جگہ رہوں
اس آب و ہادِ عشق میں جدائی تو بہار ہے

یہ احمقانہ خواب ہے، عجیب بیوقوف ہو
کہ خود سے وہ کہے گی تم سے۔ مجھ کو تم سے پیار ہے

1992ء

***

تھے چھپے ہوئے پسِ کوئے یار، چلے گئے
وہ مرے جنوں کے نگاہ دار چلے گئے

ہمیں چاہے جیسی بھی نظر سے بھی تو نواز دے
وہ ترے کرم کے امیدوار چلے گئے

رہیں بے نتیجہ تمام خوں چکاں دستکیں
نہ کھلا مگر درِ انتظار۔۔ چلے گئے

وہ جو چشمِ نم کبھی مسکرائی تھی اس طرح
جو بسے تھے دل میں غم، اشک بار چلے گئے

پڑے رہ گئے کئی زخمی جسم نواح میں
وہ جو کج کلاہ تھے شہ سوار، چلے گئے

اسی رہ سے گزرے تھے اور لوگ بھی میرے بعد
مرے نقشِ پا کو مٹا کے یار چلے گئے

1993ء

***

یہ بھی کم نہیں، اس کے نام سے رابطہ تو ہے
خوش رہو میاں! اس کی یاد کا سلسلہ تو ہے

اک گلی بھی ہے شہر میں کہیں، ایک گھر بھی ہے
کم سے کم یہاں تم کو ایک شخص جانتا تو ہے

سوچو اس طرح بے حس آسمان ہے رحیم بھی
رنگ بدلے جب، ہر نظارے میں کچھ نیا تو ہے

اس کی دلبری کا ہے بھرم، کہ اپنا شیشۂ انا
اس سے جب ملیں، چھن سے کچھ کہیں ٹوٹتا تو ہے

جستجو کریں، جھپ کے دیکھ لیں، اس کے ہاتھ میں
کچھ حنا کے رنگ، درمیاں میں نام اک لکھا تو ہے

ہے یزید کون، کون ہے حسین، ہے کہاں فرات
کچھ پتہ نہیں، محشرِ خیال کربلا تو ہے

اتنے دن کے بعد کچھ کبت لکھے، بن گئی خبر
دل ٹھہر گیا، جاں کا چین بھی سانحہ تو ہے

1996ء

***

ان پلکوں تک بہہ آؤں
قطرہ قطرہ گر جاؤں
ربط ہے لفظ بھی چھوٹا سا
کیوں بیکار میں پھیلاؤں
خود بھی سمجھنا مشکل ہے
تم کو کیسے سمجھاؤں
پھر اس سے ملنے کے لئے
پھر اک بار بچھڑ جاؤں
مجھ کو اب آواز نہ دے
واپس شاید ہی آؤں

1998ء

***

کیسی آوارہ خو ہے
دل کس رم کا آہو ہے
اس کو نہ دیکھیں۔ دیکھیں آج
دل پر کتنا قابو ہے
ہم بھی بس خاموش رہے
اس کی چپ تو جادو ہے
ابھی ابھی ہیں اشک تھمے
جاں میں سوندھی خوشبو ہے
کیا گلشن میں بہار آئی
کیا اک گل کی خوشبو ہے
اس کا کوئی نام نہ لے
اپنا چرچا ہر سو ہے

روٹھے تو منا مشکل
اس میں بھی اپنی خو بو ہے
کیا مہکے ہیں دشت و در
اپنی غزل کا جادو ہے

2000ء

***

کیسا جادو سحر جگانے لگی
بسترِ غم پہ نیند آنے لگی

ذکر جب اس کا چھڑ گیا کل رات
ساری محفل ہی گنگنانے لگی

یاد نے آ کے دل پہ دستک دی
اور اسی پل میں نیند آنے لگی

کوچۂ جاں عجیب صحرا ہے
غم کی بارش بھی قہر ڈھانے لگی

اب تو سیرِ چمن بھی مشکل ہے
پھر کوئی یاد ہم کو آنے لگی

روٹھ جانا بھی اس سے مشکل ہے
وہ بھلا کیوں ہمیں منانے لگی

2002ء

***

کاسۂ دل ہے عطر داں اپنا
یاد ہے اس کی، زخمِ جاں اپنا

اب کی ایسا ہے سائباں اپنا
نہ زمیں ہے، نہ آسماں اپنا

عشق میں کس کو کچھ ہوا حاصل
یہ تھا سودا ہی رائیگاں اپنا

نام اس کا ہر اک زباں پر ہے
ذکر پھیلا کہاں کہاں اپنا

لاکھ منظر ہوں تھامتے دامن
اب رکے گا نہ کارواں اپنا

عالم رنگ و بو نواح میں ہے
پیرہن اس کا، شہرِ جاں اپنا

اب تو ہندی میں کام کیجیے عبیدؔ
شاید اردو میں ہو زیاں اپنا

2003ء

چاندی سونا دیکھوں میں
مٹی میں کیا دیکھوں میں
صبح سویرے اٹھتے ہی
کس کا چہرا دیکھوں میں
فرشِ خاک پہ سوؤں جب
سچّا سپنا دیکھوں میں
وہ تو میرے گھر میں ہے
کس کا رستا دیکھوں میں
یاہو[1] کی ایک 'وِنڈو'[2] میں
اس کا مکھڑا دیکھوں میں

جب بھی، جہاں بھی چاہوں اسے
سامنے بیٹھا دیکھوں میں
آنکھوں میں رِم جھِم ہو جائے
جب اسے ہنستا دیکھوں میں
صبح اٹھنے کی جلدی میں
خواب ادھورا دیکھوں میں
بول یہ سندر سندر درشیہ
کب تک تنہا دیکھوں میں
میرؔ تمہاری غزلوں میں
اپنا دُکھڑا دیکھوں میں
مانیٹر3 کے پردے پر
ایک ہی چہرا دیکھوں میں
اس کی یاد آئے جب بھی
مونا لیزا دیکھوں میں

تو ہی بتا تیرا ایسا روپ
دیکھوں یا نا دیکھوں میں

1. Yahoo
2. Window
3. Monitor

2003ء

***

ہزار یادوں نے محفل یہاں سجائی۔۔۔ پر
جو نیند آتی ہے سولی پہ بھی، سو آئی۔۔ پر
سلگتی ریت کو دو دن میں پھول جائیں نہ ہم
یہ ایک شعر ہے اپنی برہنہ پائی پر
میں فرشِ خاک پہ لیٹوں تو سوتا رہتا ہوں
ہزار خواب اترتے ہیں چار پائی پر
نہ جانے کب مری آنکھوں سے اشک چھن جائیں
بھروسہ اب نہیں کرتا ہے بھائی بھائی پر
عطا کرے مجھے اقلیمِ شعر کی شاہی
یہ شک نہیں ہے مجھے تیری کبریائی پر

2004ء

***

دعا کرو کہ دعا میں مری اثر ہو جائے
میں اس کا نام نہ لوں، اور اسے خبر ہو جائے

بس اب یہ آخری خواہش بچی ہے، اس کے حضور
یہ صرف سادہ مرا حرف معتبر ہو جائے

بس اک شرار خسِ خشک جاں کو کافی ہے
چلو کہ آج تماشہ یہ رات پھر ہو جائے

نہ کچھ گناہ میں لذت، ثواب میں نہ مزا
کروں نہ کچھ بھی، مگر زندگی بسر ہو جائے

بہار جذبوں پہ آئے، پر آنکھیں خشک رہیں
یہ بر و بحر مرا پھر سے بحر و بر ہو جائے

2004ء

***

یہ کشتِ غم ہے خدایا ہری بھری رکھنا
جہاں بھی جائے نظر، سبز ہی نظر آئے

میں بھیگتا رہوں بارش میں جیسے ساری رات
جو خواب میں بھی کبھی اس کی چشمِ تر آئے

ہوائے تیز میں، جیسے کچھ آنکھ میں گر جائے
نہ کوئی بات ہو، بس یوں ہی آنکھ بھر آئے

میں اس کو چھوڑنا چاہوں، تو چھوڑنے کو مجھے
طویل فاصلے تک اس کی رہ گزر آئے

پتہ تو تھا کہ ہمارا مقام کیا ہوگا
ہم اس کی بزم میں سب جان بوجھ کر آئے

2005ء

***

میرا اس کا میل ہی کیا، کروں اس کا سوالی میں
وہ ہے اک مصروف سی ساعت، لمحۂ خالی نہیں

دیکھیں کب تک دیکھا۔ ان دیکھا کرتے ہیں لوگ
شعر ہیں اب بھی عروج پہ مائل، گو ہوں زوالی میں

ہوا کا جھونکا اس کو مہکا دے مجھے بکھرا دے
وہ آراستہ باغِ عدن ہے، ربعُ الخالی میں

کِرنوں یا پانی کو ترسنا دونوں کا ہی نصیب
وہ آمیزن بن کی دھرتی، قطب شمالی میں

قصے طوطا مینا کے اب سب کو بھول گئے
کس کا نام لئے یوں چہکوں ڈالی ڈالی میں

2005ء

***

تیرا روپ سنہرا ہوگا، ہم کوئی تجھ سے ہیٹے ہیں
اپنی وفا کی آگ میں تپ کر سونا بن کر نکھرے ہیں
چاندی کے سکوں کی کھن کھن جیسی ہے اسکی آواز
زنجیریں بجنے کی زباں میں ہم بھی باتیں کرتے ہیں
اس کے ہاتھ میں چاند اور سورج، آنچل میں جھل مل تارے
تم کہتے ہو رات اندھیری، ہم کو بہت یہ اجالے ہیں
کابکشاں کے زینے سے چھم چھم کوئی پری اتر آئے
اس کی یاد کے پیروں چل کر یوں اشعار اترتے ہیں

2005ء

***

تم وہاں پہ تنہا ہو، ہم یہاں اکیلے ہیں
آؤ آ کے مل جاؤ، دونوں وقت ملتے ہیں
وہ نہیں مقابل اب ورنہ اس چمن کے پھول
پہلے بھی مہکتے تھے، آج بھی مہکتے ہیں
راستے نہیں تھکتے، دیکھتے ہیں ہم بھی آج
ساتھ اپنے کتنی دیر، کتنی دور چلتے ہیں
ہے چمن تمام اس کا، ہم کو اس کا بس اک پھول
نیند اس کو بھاتی ہے۔ ہم کو خواب پیارے ہیں
بس ابھی تو اس نے چائے لا کے دی مگر یہ کیا!!
ہاتھ میں رسالہ ہے، جاگتے کے سپنے ہیں

2005ء

***

کچھ صدا صبح تک تو آئے گی
پیالیوں کی کھنک تو آئے گی

ایک پل کو ہی وہ لگا تھا گلے
اپنے تن سے مہک تو آئے گی

لاکھ رستے بدل کے گھر جاؤں
راہ میں وہ سڑک تو آئے گی

رات بھر اس امید پر جاگے
اک کرن صبح تک تو آئے گی

خشک آنکھوں کے سوکھے جنگل میں
آنسوؤں کی مہک تو آئے گی

رات ہونے تو دو، پھر اس کی آباد
سرِ نوکِ پلک تو آئے گی

آج صحرائے جان خشک سہی

آنسوؤں کی کمک تو آئے گی
اتنے دن بعد آج شعر کہے
چہرے پر کچھ چمک تو آئے گی
دکھ کے بادل برس چکیں تو عبیدؔ
ایک رنگیں دھنک تو آئے گی

2006ء

***

وہ جسے سن سکے وہ صدا مانگ لوں
جاگنے کی ہے شب کچھ دعا مانگ لوں

اس مرض کی تو شاید دوا ہی نہیں
دے رہا ہے وہ، دل کی شفا مانگ لوں

عفو ہوتے ہیں آزار سے گر گناہ
میں بھی رسوائیوں کی جزا مانگ لوں

شاید اس بار اس سے ملاقات ہو
بارے اب سچّے دل سے دعا مانگ لوں

یہ خزانہ لٹانے کو آیا ہوں میں
اس کو ڈر ہے کہ اب جانے کیا مانگ لوں

اب کوئی تیر ترکش میں باقی نہیں
اپنے رب سے صدائے رسا مانگ لوں
جمع کرتا ہوں میں ظلم کی آیتیں
کس کے سر سے گِری ہے ردا۔ مانگ لوں

2006ء

***

سمجھو اسے شاعری ہماری
یا دل کی کہو لگی ہماری
کیا چِت بھی تھی، پَٹ بھی تھی تمہاری
لو۔۔ بات تو مان لی ہماری
پہلے ہی پتنگ کٹ چکی تھی
لو ڈور بھی لُٹ گئی ہماری
اب کس کی امید، کون آئے
اب شام بھی بجھ چلی ہماری
کچھ تھا کہ اٹھا رہا سر اپنا
دیکھو تو کج کلہی ہماری

افسانے سنے جو اس کی چُپ میں
کہتی رہی خامشی ہماری

2007ء

***

۲۰۰۷ء سے بعد کی غزلیں

نذر شاذ تمکنت

کچھ سوچ کے آیا ہوں، بڑی دیر سے چپ ہوں
در پر ترے بیٹھا ہوں، بڑی دیر سے چپ ہوں

کیا جانئے کیا جی میں ہے، لب پر نہیں آتا
بس 'حرف تمنا ہوں، بڑی دیر سے چپ ہوں'

تو اوج فلک، اوجِ ثریا سے بھی اونچا
میں خاک کا ذرہ ہوں بڑی دیر سے چپ ہوں

ہر سمت ترا دست کرم ہے، یہاں میں بھی
دست طلب آسا ہوں بڑی دیر سے چپ ہوں

تو سبع سماوات میں ہے بزم سجائے
میں ٹوٹتا تارہ ہوں بڑی دیر سے چپ ہوں

جلوے ہیں ترے ارض و سماوات میں، اور میں
ٹوٹا ہوا شیشہ ہوں بڑی دیر سے چپ ہوں

مانگوں بھی تو کیا مانگوں، تجھے سب کی خبر ہے
گونگا ہوں نہ بہرا ہوں، بڑی دیر سے چپ ہوں

اتنا سا کوئی چھیڑ دے، بس آگ لگا دوں
گو راکھ کا ذرہ ہوں بڑی دیر سے چپ ہوں

یہ موج ہوا جانے مجھے کب اُڑا لے جائے
بس آخری پتا ہوں، بڑی دیر سے چپ ہوں
***

خاموش ہیں لب، کوئی دعا ہی نہیں آتی
ایسی تو کبھی دل پہ تباہی نہیں آتی

تجھ بن بھی گزرتے ہیں مرے دن بہت اچھے
دینی مجھے جھوٹی یہ گواہی نہیں آتی

خوشبو تری لاتی ہے، چلی جاتی ہے یکلخت
ہاتھوں میں مرے بادِ صبا ہی نہیں آتی

کرتا ہے جو وہ جور و ستم، کرتا رہے گا
دینی مجھے ظالم کو سزا ہی نہیں آتی

تعمیل سدا کرتے رہے، حکم کسے دیں
ہم فقر میں اچھے ہیں کہ شاہی نہیں آتی

در ذہن کے وا ہیں، پہ نہیں آتی نئی سوچ
کھڑکی ہے کھلی، تازہ ہوا ہی نہیں آتی

تعریف بھی کرتا ہوں تو ملتے نہیں الفاظ
حق میں جو ترے ہو وہ دعا ہی نہیں آتی

***

اپنی دھرتی سے تکوں، عرش بریں سے دیکھوں
ایک ہی شکل نظر آئے، کہیں سے دیکھوں

میری آنکھوں سے جو یہ خواب ابھی ٹوٹا ہے
کاش پھر سے نظر آئے تو وہیں سے دیکھوں

ذرۂ خاک ہوں کیا اس کو دکھائی دوں گا
وہ ستارہ ہے، اسے اپنی زمیں سے دیکھوں

میرا اللہ مری آنکھوں سے اوجھل ہی سہی
اس کو سجدہ کروں، اور اپنی جبیں سے دیکھوں

***

آبلے پھوٹ بہیں، چھاؤں گھنی ہو جائے
اور پھر جشنِ غریب الوطنی ہو جائے

ہاں، ستم کر لے ، کرم جان کے کر لوں گا قبول
یوں نہ ہو، تیری کہیں دل شکنی ہو جائے

دل کی دل میں ہی رکھیں، ہونٹوں کو سی لیجے عبیدؔ
کیا خبر جرم یہ گردن زدنی ہو جائے
***

ساری دنیا سے دشمنی لے لی
جس کی خاطر، وہ کب ہوا میرا

سو نہیں پایا میں تو مدت سے
چین سے بخت سو گیا میرا

یہ عجب بات ہے کہ خود اس نے
راز کس کس سے کہہ دیا میرا

جس کے بن تھا کٹھن مرا رہنا
وہ کبھی بھی نہیں ہوا میرا

کل یوں ہی دل اداس تھا، تو کوئی
شعر مجھ کو سنا گیا میرا

باز آؤ گے کب بھلا اعجازؔ
کر رہے یہ کیا ترا میرا

***

سارا کچھ دفن کر دیا تیرا
اب تو کچھ بھی نہیں بچا تیرا
تب منا لی تھی ہم نے چودھویں شب
رخ روشن جو دکھ گیا تیرا
خود سے ہم کب کے مل چکے لیکن
کچھ پتہ ہی نہیں چلا تیرا
اڑنے دینا کبھی تو آنچل کو
اور کبھی کس کے تھامنا تیرا
میری مانو تو خود کشی کر لو
جان لیوا تھا مشورہ تیرا

جانے کب تک بھلا نہ پائیں گے
چاہ کر بھی نہ چاہنا تیرا
ایک اک کر کے جل اٹھے تھے دئے
میرے گھر یوں گزر ہوا تیرا
بھولنے جب لگے تھے ہم تجھ کو
ہو گیا پھر سے سامنا تیرا
میں تو کھویا ہوا تھا ماضی میں
اور آگے کو سوچنا تیرا
مل نہ پائے گا تیرے جیسا کوئی
کیا نہیں کہتا آئینہ تیرا
چھوڑو یہ سب، عبیدؔ ختم کرو
کیا یہ کرنے لگے مرا تیرا

***

دکھ کو ندی میں ڈبونے دینا
وہ جو چاہے، ہونے دینا

شاید وہ خوابوں میں آئے
نیند آئے تو سونے دینا

آج گلے تو لگا لو اس کو
جو ہو جائے، ہونے دینا

عشق میں کچھ اپنا ہی مزا ہے
دل کھو جائے، کھونے دینا

بجھ سی گئی ہیں عبید کی آنکھیں
رونا آئے، رونے دینا

***

نومبر ۲۰۲۴ء

****

ٹائپنگ : مخدوم محی الدین، سپریم کمپیوٹرس، حیدرآباد
اور اعجاز عبید